united p.c.

I0314769

Alle Rechte der Verbreitung, auch durch Film, Funk und Fernsehen, fotomechanische Wiedergabe, Tonträger, elektronische Datenträger und auszugsweisen Nachdruck, sind vorbehalten.

Für den Inhalt und die Korrektur zeichnet der Autor verantwortlich.

© 2019 united p. c. Verlag

Gedruckt in der Europäischen Union auf umweltfreundlichem, chlor- und säurefrei gebleichtem Papier.

www.united-pc.eu

Beate Kanisch

Für die schönen Momente im Leben

Meine Reise zu mir

Vorwort
Dies soll kein Buch werden mit wissenschaftlichen Abhandlungen, warum die einen glücklich sind und andere nicht. Es geht auch nicht darum, wissenschaftlich zu erläutern, woran es liegt, wie wir uns fühlen.

Vor Ihnen liegt ein kleines „Handbuch für den Alltag", dass Sie nur auf Dinge bringt, die Sie selbst schon längst wissen. Ich wünsche mir für Sie, dass das Lesen Sie einfach nur ermutigt und Ihnen hoffentlich gut tut!

Für die schönen Momente im Leben.

„Die schönen Momente im Leben" Davon wünschen wir uns doch alle sehr viele in unserem Leben. Aber die Realität sieht anders aus. Sie sind gestresst im Alltag. Der Beruf, die Kinder bestimmen Ihren Zeitplan. Sie haben das Gefühl, Sie führen kein selbstbestimmtes Leben. Sie sind fremdbestimmt. Sie sind von den Klavierstunden der Kinder getacktet. Oder von den Besprechungsterminen im Büro.

Das hatten Sie sich alles einmal ganz anders vorgestellt. Und wer ist der Meister Ihres Lebens? SIE! Ganz allein SIE! Sich dessen bewusst zu werden, ist nicht immer angenehm. Ich weiß das. Ich will hier auch niemandem einen Vorwurf machen, das steht mir gar nicht zu. Ich möchte Ihnen nur Anregungen, Denkanstöße geben. Und so komme ich nicht umhin, Ihnen ein Buch zu empfehlen. Meine Studenten konnten es - glaub ich - nicht mehr hören. Bei jeder passenden und unpassenden Gelegenheit habe ich Ihnen dieses Buch empfohlen: „Die Entscheidung liegt bei Dir" von Reinhard Sprenger. Und ich sage Ihnen, es ist ein tolles Buch. Ich könnte Ihnen jetzt mit vielen Zitaten aus diesem Buch kommen, die ich so wichtig und richtig finde. Aber das werde ich nicht tun. Ich kann Ihnen nur empfehlen, kaufen Sie sich dieses Buch. Schreiben Sie mir, wenn Sie in diesem Buch gelesen haben. Ich freu mich immer über Post. Ich hab es auf dem Nachtschrank liegen und lese immer wieder darin. Mittlerweile weiß ich schon, wann mir welches Kapitel gut tun, wann ich was „brauche". Machen Sie sich Ihr eigenes Bild!

Und somit sind wir beim nächsten Thema:
Das mit der eigenen Meinung ist nicht immer so einfach. Das beginnt schon in der Freizeit:
Sie sehen ein Kinoplakat Vorankündigung. Und denken, das hört sich toll an und freuen sich schon, wenn der Film bald in die Kinos kommt. Dann ist es soweit. Sie fragen einen Freund, ob er mit Ihnen in diesen Film geht. Der liest aber regelmäßig die Tageszeitung und hat da eine ganz miese Kritik gelesen. Seine Meinung ist schon fest, Sie schaffen es nicht, ihn zu überzeugen. Dann lassen Sie es auch! Er hat sich kein eigenes Bild gemacht. Glaubt den Medien und ist fertig mit dem Thema. Außerdem kann es ja wirklich sein, dass ihm der Film nicht gefallen würde, er hat einen ganz anderen Geschmack als Sie und Sie verbinden aber etwas Positives aus Ihrer Erinnerung mit diesem Film. Was hindert Sie daran, allein in den Film zu gehen? Weil Sie das sonst auch nicht machen? Ist das der einzige Grund? Machen Sie einfach mal eine neue Erfahrung. Es ist nichts Peinliches oder Schlimmes dabei, allein ins Kino zu gehen.

So machen Sie das, was Sie sich schon seit der Vorankündigung vor Monaten gewünscht haben. Das ist okay. Wenn Sie es nicht tun und irgend jemand redet von dem Film, dann sagen Sie: „Ich war leider nicht drin, mein Freund wollte nicht" Hallo? Ist Ihr Freund der Entscheider über Ihr Leben? Geben Sie ihm so viel Macht? (Ich sag nur, lesen Sie Sprenger!)

Außerdem glaube ich, tun solche indirekten Schuldzuweisungen auf Dauer keiner Freundschaft gut. Und einmal etwas machen, was Sie sonst noch nie gemacht haben, bringt Ihnen neue Erfahrungen, und das ist es auf alle Fälle wert. Sie merken, dass es Ihnen Spaß macht und in Zukunft wird es für Sie kein Problem mehr sein, wenn Sie niemand zu einem Kinofilm, einer Ausstellung, etc. begleiten möchte. Ich will jetzt niemanden zum Alleinsein verdammen – wir sind schließlich soziale Wesen – aber wir sind auch gern mal allein. Und viele haben es verlernt, etwas mit sich anzufangen. Sie kennen bestimmt auch jemanden in Ihrem Bekanntenkreis, der manchmal nichts mit sich anzufangen weiß. Manchmal ist es auch der, den Sie im Spiegel sehen, oder?

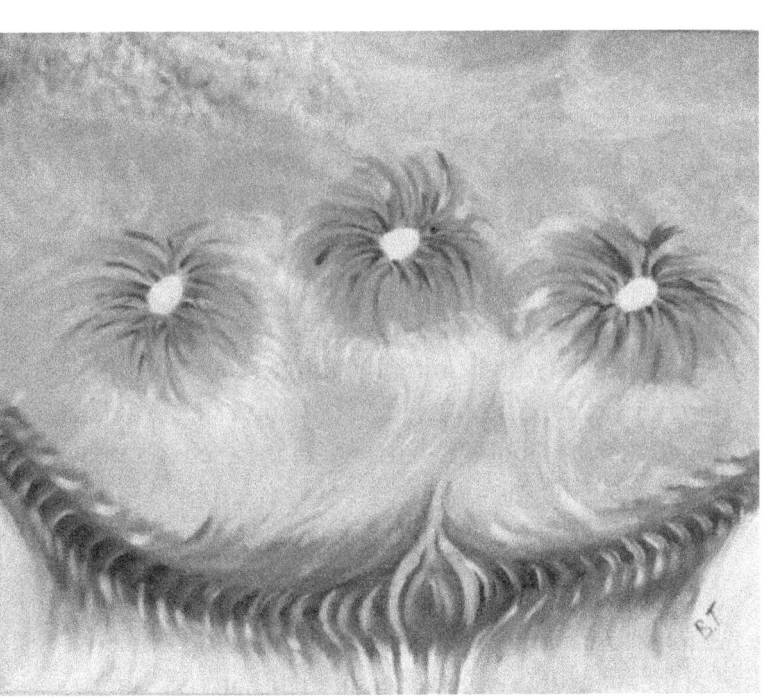

Das passiert vielen auch gern im Urlaub.

Das ganze Jahr sind Sie verplant – wie oben schon erwähnt. Und jetzt kommt der heiß ersehnte Urlaub. Die einen wollen die Seele baumeln lassen und die anderen wollen all das mit ihren Lieben nachholen, wofür sie das ganze Jahr keine Zeit hatten. Spannend wird's, wenn diese zwei unterschiedlichen Typen ein Paar sind und zusammen verreisen.

Erster Tipp: Machen Sie es anders als die Jahre zuvor! Gehen Sie vor dem Urlaub gemeinsam in ein schönes Restaurant, um über den Urlaub und Ihre Vorstellungen zu sprechen. Es sollte ein Restaurant sein, welches Sie zu besonderen Anlässen besuchen, in dem Sie schon wirklich romantische Abende miteinander verbracht haben. Das bringt schon einmal eine positive Grundstimmung: das Restaurant ist bei Ihnen beiden positiv besetzt, Sie freuen sich drauf. Und bis zu diesem Abend fallen Ihnen einige schöne Dinge ein, die Sie mit diesem Restaurant in Verbindung bringen … (Na das tut doch auch schon gut, oder?)

Das ist dann auch das richtige Ambiente, um in Ruhe seine Wünsche zu äußern und sich die Wünsche des Partners anzuhören. Und was immer hilft, ist Humor. (Das mit den „Ich-Botschaften" etc. haben Sie schon in den anderen Büchern gelesen, es gibt tolle Kommunikationsbücher)

Sie wollen doch Spaß im Urlaub haben. Warum dann alles so super ernst und verbissen sehen. Manchmal sind Kompromisse ganz leicht. Und wenn Sie wirklich aufmerksam zuhören, dann hören Sie auch, dass der andere Dinge nicht macht, um Sie zu ärgern, sondern nur, weil er sie gern macht; also der andere die gleiche Herangehensweise hat wie Sie. Überrascht? Er meint es gar nicht böse? Uups! Wir neigen sehr schnell zu Unterstellungen. Probieren Sie es einmal aus, nur das zu glauben, was Sie hören – ohne Interpretation. Das ist nicht leicht. Aber manchmal bewahrt es uns vor Reaktionen, die uns hinterher leid tun. Einen Test ist es wert! Bitte!

Und nach dem Urlaub soll es ja auch so weitergehen.

Aber wie viel Alltagssituationen gibt es, die Ihnen wirklich missfallen und Sie haben bis jetzt noch keinen Ausweg gefunden. Vielleicht haben Sie auch noch nie richtig danach gesucht?

Ein kleines Beispiel: Ich habe mal von einem Mann gehört, der unter Wochenendmigräne litt – bis dahin wusste ich gar nicht, dass es so etwas gibt.

Eines Tages ging er zum Arzt, um sich Hilfe zu holen. Was der Arzt mit ihm herausfand bzw. ans Licht brachte, war erschreckend und doch so banal.

Der Mann war verheiratet und hatte zwei Kinder. Natürlich war er berufstätig und die Wochenenden gehörten seiner Familie. So war es üblich, dass er an jedem Samstagvormittag mit seiner Familie einkaufen ging, anschließend weitere Programmpunkte folgten und am Samstagabend alle zusammen gekocht haben. Hört sich nach echter Idylle an? Irrtum! Dieser Mann wollte gar kein durchgeplantes Wochenende mit seiner

Familie. Er wollte einfach nur mal Zeit für sich. Hört sich auch banal an, oder? Aber die Umsetzung… In diesem Fall hat er es jedenfalls geschafft, mit seiner Frau darüber zu reden, dass „eingeschliffene" Muster nicht ein Leben lang so bleiben müssen. Von dem Zeitpunkt an hatte dieses Paar vereinbart, dass ihm ganz allein die Samstagnachmittage gehören. Darauf hat er sich riesig gefreut, konnte die Zeit mit seiner Familie und seine eigene Zeit genießen. Der Druck war raus und die Migräne war gegangen. Er hatte damals zum Arzt gesagt, dass er durch die Migräne erreicht hätte, dass er ein paar Stunden seine Ruhe hat und nicht gestört wird. Er hat diese Zeit für sich nicht wirklich genießen können, aber er war froh um die Ruhe, die er hatte.

Also: Warum sollen Dinge immer so bleiben, weil sie schon immer so waren?

In der Firma kommen Sie um das Thema Change Management nicht herum. Das Leben ist Veränderung; das wichtigste sind die Menschen, die Mitarbeiter im Change Prozess usw. Wir besuchen Seminare für Change Management, lesen Bücher darüber (da kann ich Ihnen das von Doppler empfehlen). Führungskräfte „müssen" ihre Mitarbeiter von der Notwendigkeit „überzeugen" und und und. Und wie schaut's beim Manager selbst aus?

Haben Sie nicht auch sehr viel für Ihre Karriere getan? Auf vieles verzichtet? Stehen Sie heute da, wo Sie stehen möchten? Sind Sie glücklich?

(kleine Anmerkung: Welchen Preis bin ich bereit wofür zu zahlen? Siehe Sprenger)

Da kommt die Frage: Wie definiere ich Glück? Das kann nur jeder selbst für sich beantworten. Oder: Wann führe ich ein „erfolgreiches" Leben? Auch Erfolg wird sehr unterschiedlich definiert. Wenn einem selbst materieller Erfolg wichtig ist, sucht man sich Menschen als Vorbilder, die bereits materiell erfolgreich sind, „die es geschafft haben".

Gern werden von diesen Menschen „andere Erfolge" gar nicht wahrgenommen. Menschen, die ein Leben mit sich im Einklang führen, sind schwer zu finden, aber es gibt sie. Wenn Sie sensibilisiert sind für den „anderen Erfolg" im Leben werden Sie fündig. Und wenn wir ehrlich zu uns selbst sind, ist die Wiese beim anderen immer grüner als die eigene. Statt neidvoll hinüberzuschauen, möchte ich Sie ermutigen, einfach ein paar Dinge in Ihrem Leben zu ändern.

Sie sind genervt, wenn Sie heimkommen, und gleich „überfallen" werden?

Mein Tipp Spielregeln: So wie es im Berufsleben Spielregeln gibt, kann und – aus meiner Sicht - sollte man unbedingt im privaten Leben ebenfalls welche vereinbaren. Denken Sie an den Mann mit der Wochenendmigräne. Sie werden vielleicht überrascht sein, wie gut es funktioniert. Wichtige Voraussetzung: In Ruhe miteinander über die Themen reden.

Ein kleines Beispiel: Mein Mann hört sehr gern und ziemlich laut eine bestimmte Musik (ich kann Ihnen nicht einmal genau sagen, was es ist, aber für mich ist es furchtbar). Er kommt am Abend meistens früher als ich nach Hause (dafür geht er auch morgens entschieden früher…). Und wenn ich dann die Tür aufmache, kommt (kam) mir diese laute Musik entgegen. Grausam, am liebsten wäre ich gleich wieder umgedreht.

Ich habe jetzt verschiedene Handlungsoptionen:

A:. ganz beliebt, weil ich (s. o.) entnervt bin: Eskalation: einen Brüller loslassen und der Abend ist gelaufen. Wenn Sie es so machen: Herzlichen Glückwunsch! Sie haben nicht nur seinen Abend ruiniert, sondern auch Ihren! Weil er/sie reagiert und Sie haben „dicke Luft" daheim. Klasse. Dabei hatten Sie sich auf der Heimfahrt noch alles ganz anders gedacht… Plan B: Sie vereinbaren eine Spielregel: Sie erklären ihrem Schatz, dass Sie erst einmal Ihre Ruhe brauchen, wenn Sie von der Arbeit kommen und einen halbe Stunde später sich gern mit ihm unterhalten und (wenn gewünscht) der gemeinsame Abend beginnen kann. Unsere Spielregel ist jetzt folgende: Mein Mann hört seine Musik bis ich komme, ich klingle vorher an der Tür. Er macht die Musik aus und jeder kommt auf seine Kosten. Woher soll der andere wissen, dass ich etwas nicht mag, wenn ich es ihm nicht in Ruhe sage?

Und dafür gibt's tausend Beispiele. Ihnen fallen jetzt sicher auch eine Menge ein, oder?
Wann haben Sie sich das letzte Mal etwas Gutes getan? Oder erwarten Sie, dass die anderen Ihnen etwas Gutes tun?

Es ist doch so, nicht jeder Tag ist gleich, Sie und ich sind nicht immer gleich gut drauf. Eine sehr beliebte Methode bei uns Frauen ist die „Aufheiterung" in Form von Shopping, und da insbesondere Schuhe kaufen. Hier finden sich sicher viele wieder, ich gestehe, ich habe auch mehr Schuhe, als ich brauche. Das liegt aber daran, dass die Schuhgröße im Gegensatz zur Konfektionsgröße bleibt (siehe Susanne Fröhlich „Das Moppelich"). Ein Buch, was ich Ihnen sehr empfehlen kann, wenn Sie sich etwas Gutes tun wollen. Es ist so humorvoll geschrieben. Nachdem ich das Buch gelesen, einige Male verborgt und auch verschenkt habe, wächst die Fangemeinde. Es gibt so viele Stellen in diesem Buch, an denen wir uns wieder finden können – ein gutes Gefühl. Übrigens, wenn wir uns an Taschenbücher halten, wird's billiger als die Schuhkäufe.

Wir hatten es ja vorhin schon einmal mit der langen Weile. Jetzt hatten Sie sich für diesen Sonntag endlich vorgenommen, laufen zu gehen und jetzt regnet es. Also gehen Sie nicht laufen und langweilen sich, weil das, was Sie sich vorgenommen haben, können Sie ja nicht machen. Oder könnten Sie doch? Es wäre mal ein wunderschönes Erlebnis, bewusst bei Regen laufen zu gehen. Sie haben etwas getan, was Sie sonst nicht tun und Sie fühlen sich hinterher toll. Während des Laufens ja nicht immer –weil wir ja ganz schön mit uns kämpfen. Aber hinterher fühlen wir uns so toll und sind so stolz. Und das können wir auch! Probieren Sie's einfach mal aus! Gern passiert es, dass der Partner Sie für verrückt erklärt o. ä. aber in Wirklichkeit ist er neidisch auf Ihren „eisernen" Willen. Er liegt auf der Couch und blättert gelangweilt in der Zeitung von gestern.

Was nicht heißen soll, dass Lesen langweilig ist – ganz bestimmt nicht. Oder langweilen Sie sich gerade, während Sie diese Zeilen lesen?

Lesen ist eine wunderbare Sache. Aber Sie lesen ja normalerweise nur das, wofür Sie sich auch interessieren. Und da geht's los. Manche Menschen haben gar keine Interessen. Aber dazu gehören Sie ja nicht, sonst hätten Sie sich ja dieses Buch nicht gekauft.

Ich habe einmal im Fernsehen bei einer Umfrage nach dem „zuletzt gelesenen Buch" gehört, dass einer sagte, er liest immer die Fernsehzeitung. Ist das nicht ein armer Mensch? Aus meiner Sicht jedenfalls. Es gibt heute wunderbare Bücher zu allen Themen dieser Welt. Und ich gebe zu, obwohl ich immer dafür bin, den Einzelhandel zu unterstützen, stöbere ich gern in www.Amazon.de. Da kann ein verregneter Sonntag wieder ganz schön sein. Und ich stoße immer wieder auf neue Anregungen – herrlich. Bei der Bestellung per Mausklick ist allerdings Vorsicht geboten. Eins nach dem anderen klickt sich in den virtuellen Einkaufswagen und mit einem Mal ist ein Betrag zustande gekommen, den Ihre Budgetplanung gar nicht zulässt.

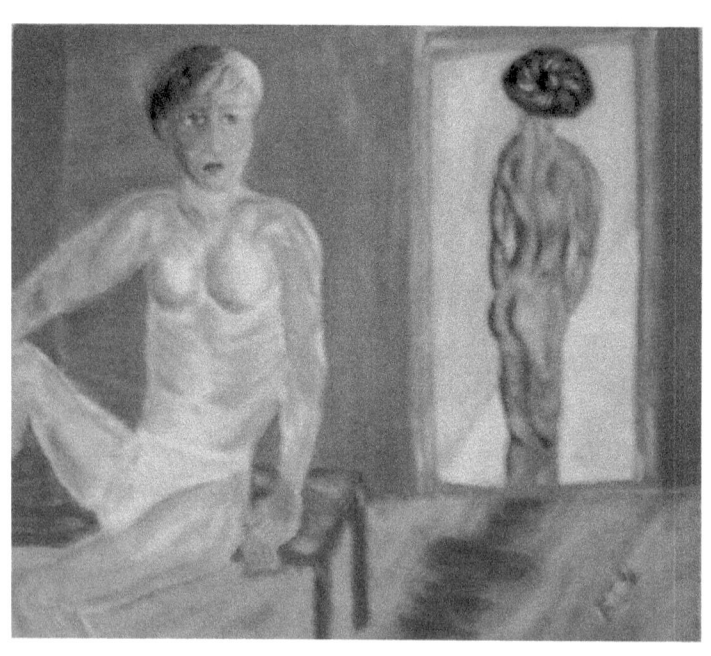

Aber sich mit einem Buch belohnen ist schon eine tolle Sache. Sie hatten einen weniger guten Tag? Fahren Sie nicht direkt nach Hause, sondern nehmen Sie noch den Weg am Buchladen vorbei! Eine halbe Stunde den Buchladen durchforsten ist immer drin. Ja, ich höre schon wieder Ihre Ausreden, die Familie wartet. Sie haben versprochen, mit dem Großen die Hausaufgaben in Mathe zu machen, oder sich an diesem Abend um die Kinder zu kümmern, damit Ihr Partner Zeit für sich hat. Hey, Hand aufs Herz. Sie trauen sich nicht, Sie haben ein schlechtes Gewissen. Das ist ein wichtiges Thema, über das schlechte Gewissen müssen wir nachher unbedingt noch sprechen. Aber zurück zum Bummel durch den Buchladen. Die meisten Angestellten haben heute Gleitzeit. Und wenn es Ihnen einmal richtig zu viel ist, dann leisten Sie es sich, ein wenig früher als gewohnt zu gehen. Das ist das nächste Thema. Nur weil in der Abteilung alle nicht vor 20:00 Uhr gehen, muss es noch lange nicht ein „Verbrechen" sein, um 19:00 Uhr zu gehen. Und die Geschäfte haben heute ja moderate Öffnungszeiten. Ich sehe, bei meinen Ideen sind hier gerade die Mitarbeiter des Einzelhandels viel zu kurz gekommen. Ich bitte um Entschuldigung. Sie müssen immer alles in Ihren freien Tag „packen".

Also der Besuch im Buchladen. Sie haben noch gar nicht ganz den Fuß in den Laden gesetzt, da lacht Sie schon ein Buch förmlich an. Sie gehen darauf zu und fangen an zu blättern, zu lesen. Und langsam fällt der Tag von Ihnen ab. Sie vergessen die unangenehme Diskussion, in der Sie Ihr Chef heute ziemlich fertig gemacht hat und sind in eine andere Welt geglitten. Das können Bücher hervorragend.

Laut einer wissenschaftlichen Untersuchung sind Krimis wohl die beste Ablenkung vom Alltag. Ich kann das nicht bestätigen bzw. beurteilen. Ich bin nämlich ein Angsthase und lese keine Krimis, da würde ich nie in den Schlaf kommen. Jetzt ist es raus: Ich lese nämlich mit Vorliebe gern vor dem Schlafen. Wie gesagt, Krimis und Horrorromane und was es da alles so gibt, hat sein Publikum, ich gehöre nicht dazu. Ich liebe zum Beispiel Biografien. Geschichten, die das Leben schreibt. Geschichten von bekannten und unbekannten Persönlichkeiten. Ich bin Fan der „Stern Biografie". Sie ist ideal, um eine Anregung zu bekommen. So manche spannende Lebensgeschichte wäre mir ohne dieses Magazin vorenthalten geblieben, erscheint vierteljährlich und kann ich nur empfehlen.

Übrigens, wenn Sie ein schlechtes Gewissen Ihrem Partner gegenüber haben, der immer jammert, dass er so gern lesen würde und nicht zum lesen kommt (und sich nicht mal die Zeit nimmt, ein Buch zu kaufen, geschweige dann, eines zu lesen), dann schenken Sie ihm doch einen Gutschein seines (ehemaligen ☺) Lieblingsbuchladen. Vielleicht macht das ja wieder Appetit.

Das eröffnet so viele neue Optionen: Zum einen wäre es wieder an der Zeit über Spielregeln zu sprechen, dass jeder seinen Freiraum bekommt, um sich dem zu widmen, was er mag, zum Beispiel lesen. Zum anderen werden Sie wieder neue Themen haben, über die Sie sich austauschen. Mir geht's jedenfalls so. Ich rede dann auch gern über die Bücher, die ich lese oder gelesen habe. Fragen Sie meinen Mann und meine Freunde.
Eine weitere positive „Nebenwirkung": Sie haben wieder ein richtig gutes Gespräch, in dem es nicht nur um Arbeit, Alltag, Kinder oder Tratsch geht. Und Sie entdecken an Ihrem Partner wieder neue interessante Seiten.
Ich kenne Menschen, die mit ihrer Beziehung unzufrieden sind, und sagen: Wir reden nur noch über die Arbeit, Organisatorisches und die Kinder. Aber Hand aufs Herz: Über was reden *Sie* denn mit Ihrem Partner? Arbeit, Organisatorisches und Kinder. Er wird das gleiche sagen und ohne, dass Sie es beide bemerken, suchen Sie sich andere Gesprächspartner, die Ihnen mit der Zeit vertrauter und näher sind, als es Ihrer Beziehung gut tut.

Oft höre ich auch den Satz: „Früher habe ich das und das gern gemacht". Und warum machen Sie es heute nicht mehr? Da kommen sie wieder, die tausend Gründe, warum es nicht geht. Was geht nicht? Hey, Sie haben genau das Leben, das Sie selbst gewählt haben (siehe Sprenger). Es liegt an Ihnen, wo Sie die Prioritäten setzen. Und ich verspreche Ihnen ein weiteres Mal, wie überrascht Sie sein werden, wenn Sie Wünsche äußern, dass Sie etwas ändern möchten. Ihrem Partner geht es wahrscheinlich ähnlich, nur beiden hat der Mut gefehlt. Und beide denken vielleicht: „Ich will den anderen nicht vor den Kopf stoßen, ich will den anderen nicht verletzen, das erwartet der andere von mir." Ist das wirklich so? Probieren Sie einen Vorstoß! Weil in dem Moment, wo Sie um Freiraum bitten, müssen Sie Ihrem Partner auch dieses Recht eingestehen. Ich weiß: bei Lesern mit Kindern sprechen wir von organisatorisch „erschwerten Bedingungen", aber machbar ist es, wenn Sie es wollen!

Da sind wir auch schon drin, mitten im Thema „Schlechtes Gewissen". Sie haben sich doch nicht für eine Beziehung entschieden, um dann alle eigenen Wünsche aufzugeben. Und das erwartet auch niemand von Ihnen. Oftmals ist es eine Interpretation, weil zu Beginn der Beziehung, **und vor allem zu Beginn** zu wenig über die Erwartungshaltung gesprochen wurde.

Und wenn jemand von Ihnen eine Form der Selbstaufgabe erwartet, dann bitte ich Sie ganz inständig, Ihre Partnerwahl noch einmal genau zu überprüfen!!

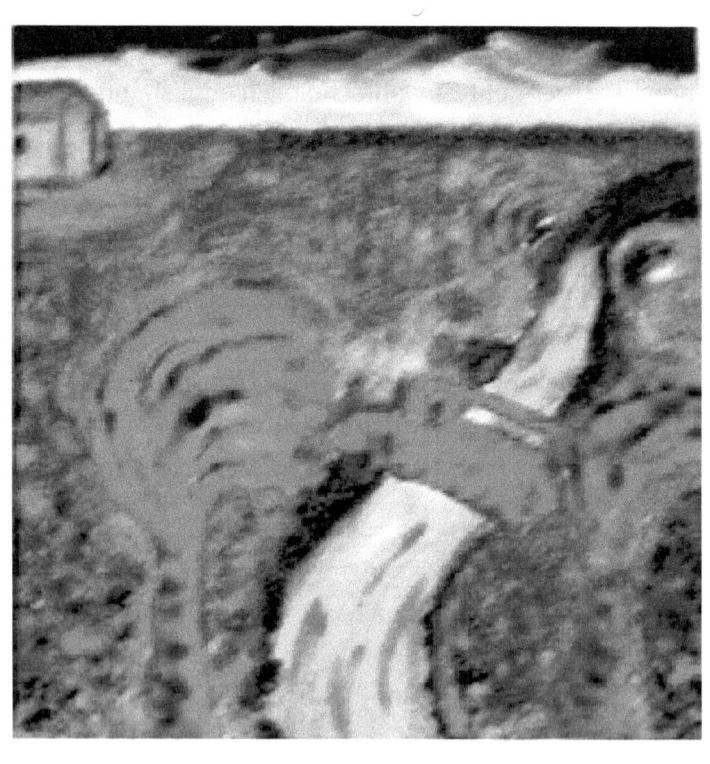

Wenden wir uns also wieder den schönen Dingen des Lebens zu. Womit können Sie sich den Tag „versüßen, sich etwas Gutes tun? Sie sagen, das klingt egoistisch? Ich habe schließlich eine Familie und kann nicht immer nur an mich denken. Sie haben Recht.

Denn wissen Sie, dass es auch gut tut, Gutes zu tun? Das beginnt am Morgen. Da haben viele erst einmal mit sich zu tun und das frühe Aufstehen macht es nicht leichter. Haben Sie sich schon einmal im Spiegel angelächelt? Nein? Sie kommen sich blöd vor? Dann sag ich Ihnen was: Probieren Sie es einfach aus! Es sieht ja keiner. Wirklich. Und für gute Laune und Freundlichkeit muss man sich nicht schämen. Es ist eher wahrscheinlich, dass Sie sich und Ihren Mitmenschen den Tag angenehmer machen. Ist das nicht eine schöne Vorstellung? Und nachdem Sie es geschafft haben, sich anzulächeln, auf zum zweiten Schritt: Lächeln Sie morgens Ihren Partner an. Hey, ich denke Sie lieben ihn!? Ich sage nicht, dass Sie vor dem Zähneputzen schon tiefschürfende Gespräche führen sollen. Ich frage nur, ob Sie nicht Lust haben, morgens ein Lächeln für einen anderen Menschen übrig zu haben.
Das war übrigens mal wieder etwas Kostenfreies. Sich und anderen eine Freude machen, ist kein monetäres Thema.
Und wenn's nur darüber läuft, dass Sie dem anderen durch „monetäre Freuden" ein Lächeln aufs Gesicht zaubern, dann habe ich da ein gewaltiges Fragezeichen (Aber das ist ja mein Problem und nicht Ihres).

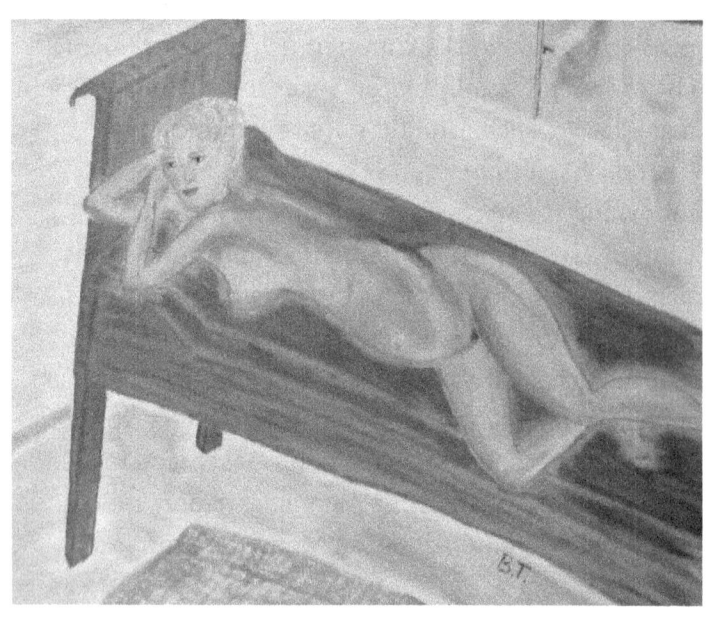

Trinken Sie morgens Kaffee? Und Ihr Partner auch? Wissen Sie, wie schön es ist, wenn Ihnen morgens jemand den Kaffee ans Bett bringt? Bei „Nein" kann ich nur sagen „Schade". Und als nächstes schlage ich vor: ÄNDERN!

Einer von beiden ist nun einmal der früher Aufstehende. Wenn der seinem Schatz einen Kaffee ans Bett bringt, ist das einfach nur Klasse. Ich verspreche Ihnen, schon dafür werden Sie ein „Julia-Roberts-Lächeln" ernten. Und glauben Sie bloß nicht, dass das nicht anerkannt wird. Ihr Schatz registriert das sehr wohl und macht sich in dem Moment schon Gedanken, wie er Ihnen eine Freude machen kann. Lassen Sie sich überraschen!!
Da passt: „Tue Gutes und es kommt Gutes zurück". Nehmen Sie sich mal Zeit darüber nachzudenken. Es gibt garantiert noch viel mehr Möglichkeiten, wo Sie diesen Satz mit Leben füllen können. Da bin ich ganz sicher.

Der nächste Tipp gilt mehr den Frauen. Aber liebe Herren, lesen Sie ihn bitte auch. Vielleicht weist er Sie auf „Ihnen bekannte Missstände" hin? ☺
Es ist gerade Ende August. Und jetzt, Ende August, fahren Sie sicher auf dem Heimweg an einigen Blumenfeldern vorbei. Ich habe zu dieser Jahreszeit immer meine Gartenschere im Auto. Weil: Ich liebe Blumen. Und so mache ich mir gern auf dem Heimweg eine Freude und hole mir ein paar Sonnenblumen oder Gladiolen. Wenn ich dann zu Hause bin, habe ich Spaß daran, sie in entsprechenden Vasen zu dekorieren und zu schauen, an welchem Platz in der Wohnung sie richtig zur Geltung kommen. Soll heißen, Sie widmen sich wieder etwas Schönem und ich wünsche Ihnen, dass dabei Ihre Probleme/Gedanken, die Sie von der Arbeit mitgenommen haben, einfach „auf der Strecke bleiben".

Was ich auch noch gut finde: Einen Abend „anders"
gestalten. Wer Kinder hat, der hat hoffentlich auch
Freunde, die mal Babysitter machen. Ich hab zwar
keine Kinder, aber ich bin ab und zu der Babysitter.
Ohne besonderen Anlass einfach mal was Leckeres
kochen, mal Essen gehen mit dem Schatz. Auch wenn's
ein ganz normaler Wochentag ist. Hey, auch das ist ein
Tag Ihres wunderschönen Lebens! Wollen Sie ihn
Fernsehen schauend auf der Couch „verpennen"??
Ich hör 's schon wieder: Sie sind kaputt. Aber: Wenn Sie
sich erst einmal aufgerafft haben, werden Sie es
genießen. Es kommt natürlich darauf an, mit welcher
Einstellung Sie an den Abend herangehen. Es hat Sie
keiner gezwungen. Dies ist nur eine Einladung, Ihr
Leben zu versüßen, mehr Spaß und Lebensfreude zu
haben. Und was glauben Sie, wie Ihr Schatz reagiert?
Ich will nicht zu viel versprechen, aber „hassen" wird er
Sie dafür garantiert nicht!

Das Leben kann so schön sein. Kennen Sie den Spruch:
„Sieh es als Freude und es ist Freude"?
Ich kann Sie nur einladen, darüber nachzudenken und
es auszuprobieren.
Mein Wunsch ist es, Sie zu mehr Lebensfreude zu
animieren.

Manchmal fahren wir morgens zur Arbeit und verschenken schon sehr viel Energie auf die Dinge, die uns an diesem Tag „bevorstehen". Aber mal ehrlich, Sie arbeiten doch nicht als Versuchskaninchen in einer Folterkammer. Das ist schon lange abgeschafft. Also: Konzentrieren Sie sich zum einen aufs Fahren und zum anderen tun Sie sich etwas Gutes. Wie Sie das können? Wir hatten es doch zu einem früheren Zeitpunkt schon einmal von der Musik. Meine Lieblingsmusik ist auch nicht jedermanns Sache. Ich höre Sie morgens im Auto, erlebe (manchmal – eher im Winter, wenn er später beginnt) den Sonnenaufgang und finde es nur schön. Wenn ich im Büro bin, haben mich die Themen sowieso schnell eingeholt. Also: Energie richtig eingesetzt, weil „gut drauf nach Lieblingsmusik". Aufgaben, die am Vorabend langwierig und schwierig erschienen, gehen morgens mit frischer Energie dann besser von der Hand. Apropos morgens und abends: Wissen Sie, wie Sie sich das Leben auch leichter machen können? Nehmen Sie sich abends, bevor Sie das Büro verlassen und „noch" keine Sekretärin haben, Zeit, die Punkte, die Sie nicht erledigt haben, neu einzuplanen. Tragen Sie diese Themen wie Termine in Ihren Kalender nach Prioritäten sortiert und gehen Sie den morgigen Tag kurz durch. Wenn dann alles zu Ihrer Zufriedenheit vorbereitet ist, gehen Sie in den Feierabend, Das hilft sehr dabei, *wirklich* abzuschalten und Sie können sich mit voller Aufmerksamkeit Ihrem Privatleben widmen. Das hat es auch verdient, finden Sie nicht? Und das sind doch tolle Aussichten, oder? Übrigens zum Thema Zeitmanagement gibt es viele gute und hilfreiche Bücher. Für mich ist der König des Zeitmanagements Lothar Seiwert. Weitere Informationen zu Büchern und Seminaren finden Sie unter www.seiwert.de.

Nachdem ich Ihnen Herrn Seiwert empfohlen habe, noch einmal zurück zum Abend. Ist es nicht ein wunderschöner Gedanke? Raus aus dem Büro, Kopf frei und sich jetzt auf etwas freuen? Theaterbesuch, Essen mit Freunden, gemeinsam kochen, reden, lachen! Also noch einmal zurück zu Ihrer Frage, ob Sie egoistisch sind: Ihre gewonnene Lebensqualität teilen Sie mit Ihren Lieben, für die Sie früher viel weniger Zeit hatten…bzw. sich nicht genommen haben. Das hat zwar für Sie persönlich einen absoluten Mehrwert, ist aber weit entfernt von egoistisch.

Bei Empfehlungen fällt mir gleich noch etwas ein. Ich merke, ich gebe nicht nur Tipps. Ich unternehme auch ab und zu den Versuch, mit Ihnen über Ihre Lebenseinstellung zu sprechen. Aber vielleicht ist Ihnen so manches gar nicht bewusst? Das ist kein Vorwurf, sondern nur eine Vermutung. Und in Wirklichkeit wollen Sie ja Dinge ändern, da steht Ihnen nur jemand im Weg:… und das sind Sie selbst. Mein persönlicher Tipp: gehen Sie mal ins Internet unter www.iak.de Das ist die Adresse des Instituts für angewandte Kreativität. Auch da gilt der Satz: Man soll nur empfehlen, was man kennt.

Auf dieser Seite werden unterschiedliche Seminare angeboten. Das ist der falsche Ausdruck, weil es sind mehr, als nur Seminare. Ich kann Ihnen nur so viel sagen: Beim TETA-Seminar geht es um das Bewusst machen des eigenen Verhaltens. Man muss sich auch darauf einlassen wollen. Ich wollte! Und bin sehr begeistert gewesen. Nicht euphorisch, aber froh.

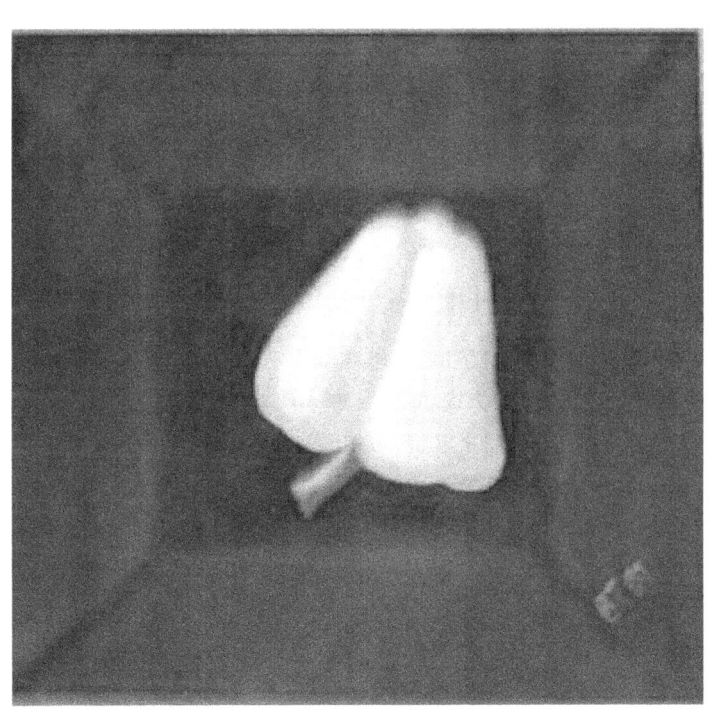

Was Seminare und Weiterbildungen weiterhin als positiven Nebeneffekt haben: Sie lernen neue Menschen kennen: nicht aus Ihrer Firma, nicht aus Ihrem Wohnort, Menschen mit einem ganz anderen Werdegang. Hochinteressant! Ich finde es immer wieder sehr spannend, Menschen kennen zu lernen. Sprich: Ich möchte Sie wieder einmal animieren: Seien Sie gegenüber Neuem offen und ebenso neuen Menschen gegenüber offen, die in Ihr Leben treten. Die treffen Sie natürlich nicht zu Hause in der Wohnstube…

Gerade bei dem TETA-Seminar habe ich eine sehr interessante Frau kennen gelernt. Wir sind auch in e-mail-Kontakt und planen, uns mal wieder zu treffen.

Ich habe schon oft darüber nachgedacht und festgestellt, dass uns beide, sie und mich, ganz unterschiedliche Dinge glücklich machen.

Und das ist wichtig zu wissen: Erwarten Sie nie vom anderen, dass er das gleiche wie Sie möchte! Wie kommen Sie darauf?

Wir sprachen über das wunderschöne Thema Urlaub. Sie sagte, dass sie sich darauf freut, Zeit zu haben sich um ihre Familie zu kümmern. Ich dagegen habe mich darauf gefreut, in einem Südtiroler Obstgarten an einer neuen Specksteinfigur zu arbeiten. Und wenn ich dann komplett voll gestaubt bin, geradewegs in den See springen kann. Und anschließend genieße ich es, den Fisch mit meinem Mann zu grillen, den er geangelt hat, während ich an meiner Skulptur gearbeitet habe.

Sprich: Für jeden Einzelnen ist es individuell sehr unterschiedlich, was er unter einem schönen Moment oder zum Beispiel unter einem schönen Urlaub versteht.

Ich wünsche Ihnen, dass Sie einige Anregungen gefunden haben, die Sie wieder an das erinnern, was Sie längst wussten, bevor Sie dieses Büchlein gelesen haben: Nämlich was Ihre schönen Momente im Leben sind.

www.ingramcontent.com/pod-product-compliance
Lightning Source LLC
Chambersburg PA
CBHW052102230426
43662CB00036B/1754